BLEI-TROPFEN

Bilder und Gedankenzeilen

GLÜCKSTROPFEN

BILDER UND GEDANKENZEILEN

Bilder und Texte von Jon Mincu

Fine-Press-Atelier
Jon Mincu

Layout, Gesamtgestaltung: Jon Mincu

Berlin 2024
BoD - Books on Demand, Norderstedt

ISBN: 978-3-00-078547-4

INHALT

„Ein Wesen also, das Unendliches auf unendliche Weisen denken kann, ist notwendig unendlich an Kraft des Denkens." (S. 37).

„Was der Geist unter der Form der Ewigkeit erkennt, erkennt er nicht daraus, daß er das gegenwärtige wirkliche Dasein des Körpers begreift, sondern daraus, daß er das Wesen des Körpers unter der Form der Ewigkeit begreift." (S. 197).

„Es ergibt sich demnach, daß die Menschen von Natur zu Haß und Neid geneigt sind" (S. 111).

Baruch de Spinoza, Ethik, CreateSpace, North Charleston 2017.

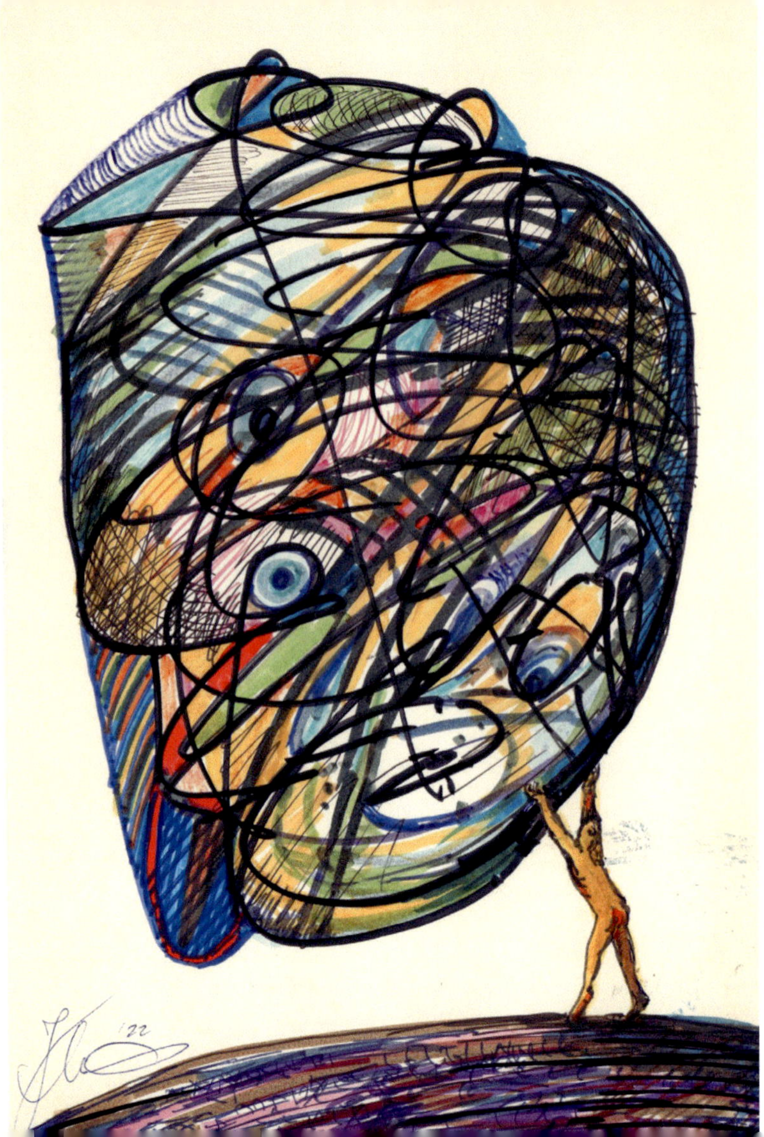

GLÜCKLICHE ARMUT

Die Zahl der Armen auf der Welt wächst ständig
Die Zahl der Reichen auch — ein Paradoxon?
Eine globale Krise macht es möglich.
Das Fernsehen preist das glückliche Dasein
eines Toiletten-Putzer aus Tokyo, der fleißig
Sein Job erledigt, wunschlos und arm,
und dennoch geduldig sein Leben fristet:
Ein glückliches Sisyphosvorbild wird so getestet.
Den Armen wird die Last der Steuer
und das Glück der Armut schöngeredet,
Die Reichen haben ihren vermehrten Reichtum
Auf Cayman-Insel steuerfrei gemeldet.
Die Kirche hat immer die Armut als Wege
der Erlösung hoch gesungen.
Auch die an die Tür genagelten Thesen
haben nichts geändert;
Das Wehen der Roten Fahne ist
inzwischen schon verflacht.
Kann man den Hungrigen mit leeren Magen
zu fasten noch empfehlen; den Armen
Nun pharisäisch glückliche Armut propagieren?
Die globalisierte Krise macht das Paradoxon möglich.

EIN GLÜCKLICHER MENSCH

Von Neid und Hass habe ich reichlich „Glück“
Dagegen von Geld, Reichtum oder Schmuck
Blieb ich verschont.
Ich habe die Feinde nicht „geliebet“,
Und die, die mich gehasst, heimlich verflucht.
Die angebliche „Freunde“ haben mich verraten.

Mein wehmütige Seele war schuld daran,
Dass ich als „diffiziler Mensch“ vereinsamt war,
Empfinsamkeit war auch eine Schwäche.
Umsonst jetzt zu bedauern, dass ich
Die „Rechnung“ nicht beglichen habe,
Und Missetaten durch Rache zu bezahlen.

Trotz alledem bin ich doch heute glücklich,
Dass ich die Schäden von Neid und Hass
Von mir geschüttelt habe — reifer geworden,
Reich an Ideen und Gedanken kann ich
Die Träume glückselig als Schaffender ersehen.

DIE ENTFREMDUNG

Wenn ich in mich gezogen bin, verblasst für mich das Draußen,
Die Außenwelt wird mir eine verfremdete Kulisse, denn
Wegen Entfremdung werde ich der Außenwelt ein Fremder.
In meinem raumlose Universum leite ich die Existenz
Und das Schicksal greller, schuldloser Gestalten aus Äther.
Das Denken schmückt das Menschenwesen; eine Fähigkeit,
Die nur bei wenigen Verwendung findet — Alle bewegen sich
Bequem gesteuert von der Routine, auf ihrer Suche nach Nahrung
Und Vergnügung. Sie haben keine Zeit zu denken, entlastet
Von den schädlichen Grübeleien fühlen sie sich wohl.
Soll einer in sich Zurückgezogener sich im Inneren frei fühlen?
Er glaubt an Zwänge und Vorschriften nicht mehr gebunden zu sein —
Eine Selbsttäuschung. Die Aufmerksamkeit der Allgemeinheit ist da.
Die „ketzerische" Meinung bleibt besser im Versteck,
Soll er keine Märtyrer-Begnadung in sich entflammend spüren,
Opfere er selber geträumte Ideale heimlich der Selbstzensur —
Da draußen betreibt der Mainstream ideologisch eine verdeckte Diktatur?
Gewagt versucht man auf fremden Landschaften seine Existenz zu führen,
Doch als entfremdeter Fremder fällt man durch seine Verfremdung auf,
Da sind die nachgeahmten Bäume nüchtern, und die Importfrüchte schal.
Empor möchte man sich wagen, die Flügel aber sind von Staub des Grolls
Zu schwer geworden — mit Wehmut zieht man sich in die Einsamkeit zurück.

ELEGIE

Wurde ich im Taufbecken mit Weihwasser von Wehmut getauft?
Ich habe früh erfahren: mein Ich war sachlich nicht angepasst;
Das Antlitz meines Wesens nach außen nicht zu weisen,
Verberge ich demnach in mir das müde-gekaute Tageslicht,
Das ich in mir in die geheimen Träume umgewandelt habe.

Warum ist meine Seele heute fast verwelkt,
Und trägt den undurchsichtigen Schleier der Verfremdung?
Warum wird dann die Seele trübe von der Entfremdung?
Draußen treibt heftig die irrationale Torheit ihr Wesen,
Trivialität und Öde toben freudig und gebären das Nichtsein.

Jetzt später nach so viele Jahren entdecke ich,
Dass ich beglückt allmählich meiner Seele näherkomme.
Die Seele ist der Schöpfer — der Geist ist nur das Mittel,
Um seine Bilder und Ideen wahrhaftig zu erdenken.

DEN MOIREN ENTWISCHT

Heute lache ich nicht mehr ins Fäustchen,
Zu ernst war mir das stiefmütterliche Schicksal,
Die schlaflosen Erinnerungen fügen mir bei
Die Furcht der ängstlichen Tage,
Gefahren standen mir öfter im Nacken,
Verfolgten mich, die bedrohlichen Schatten,
Gerne hätten sie mich in ihre Fänge bekommen.
Im Gleichschritt möchte ich nicht marschieren,
Also haben sie es auf mein Leben abgesehen.

Ich habe Glück euch zu entwischen,
(Denunzianten waren zu spät dran)
Und ließe euch das Erbe in das Reich des Bösen.
Verschont von Feinden blieb ich jedoch nicht.
Gelassen kümmere ich mich deswegen wenig,
Da viele weiße Engeln schützen mich.

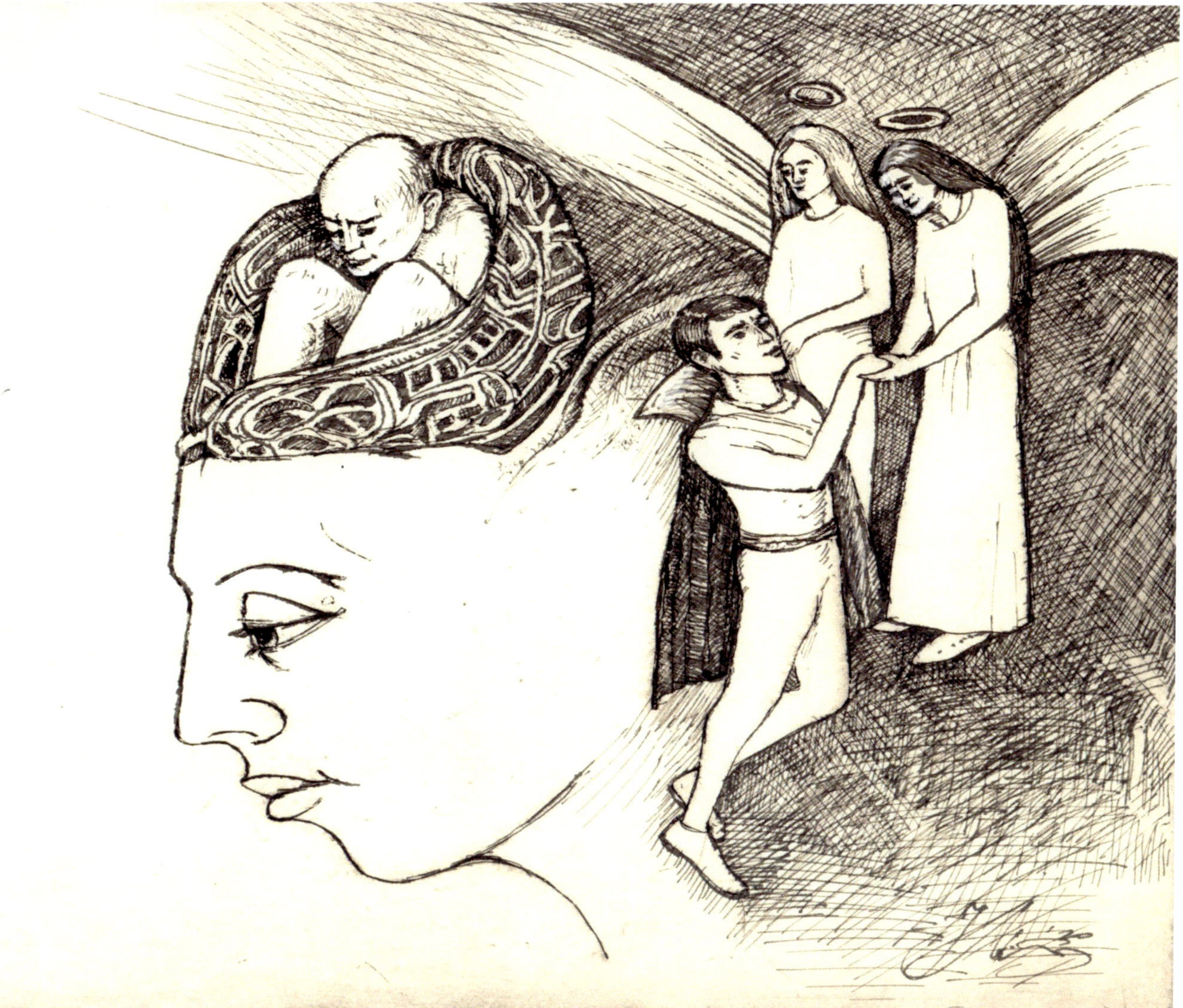

EIN BILD VON DAMALS...

Ein Bild von damals verfolgt mich noch:
Die Kirche im Abenddunst war kalt
Und spärlich beleuchtet,
Es schwebte in der schlechten Luft
Ein trauriges Elend und der Zweifel;
Bedrückt, erbärmlich saßen in Klumpen
Die lebendigen, schweigenden Schatten.
Die Hilflosen, erwarteten alle von Gott
Die Erlösung, obwohl Gott keine Schuld
An ihrem Elend hatte — sie duldeten
Exterminiert zu werden; zu schwach, um
Ihr Schicksal selbst in die Hand zu nehmen.

Ich habe mich gerettet, glücklicherweise,
Doch es bleibt in meiner Seele eine Wunde,
Weil ich dort meine Vergangenheit verlassen habe,
Und die Elenden...einige von ihnen, treue Diener,
Die nicht gerettet werden wollten,
Waren sogar bereit mich zu „verkaufen".

Verschwunden ist einmal der Zwang des Bösen.
Sorglos und tanzend feiert die gelassene Menge,

Eine erträumte Freiheit wurde neu erfunden.
Doch nach der Euphorie kam kurz danach die Wahrheit,
Der harte Kampf zum Überleben, bösartig und habgierig,
Von ihrer gezwungenen Natur entsprechend, endlich
„Glücklich“ Hass und Neid gegeneinander auszuüben.

22 10 86

DAS LEBEN

„Das Leben ist ein Kampf“ — ein banaler Satz,
Eine Metapher, die jeder kennt.
Und doch wenn es allmählich zu Ende geht,
Merkst du von Tag zu Tag, wie schmerzlich
Die „Narben“ der Wunden und Verletzungen
Aus deinem Lebenskampf jetzt wirken,
Bewegungen sind mühselig geworden;
Die Knochen bewahren in ihrem Gedächtnis
Die schweren Schläge deines Schicksals.

Doch bist du sehr glüclich, dass du die „Gefechte“
und irgendwelches Unglück überwunden hast;
Und kluger durch Erfahrungen geworden bist.
Und sei noch glücklich, dass dein Verstand
wachsam geblieben ist zu kämpfen;
Und sei noch froh, dass deine Träume
frisch geblieben sind, um das Werk zu schaffen
Über deine „Schlachten“ und „Kämpfe“
Die du mit Mühe und Tapferkeit getragen hast.

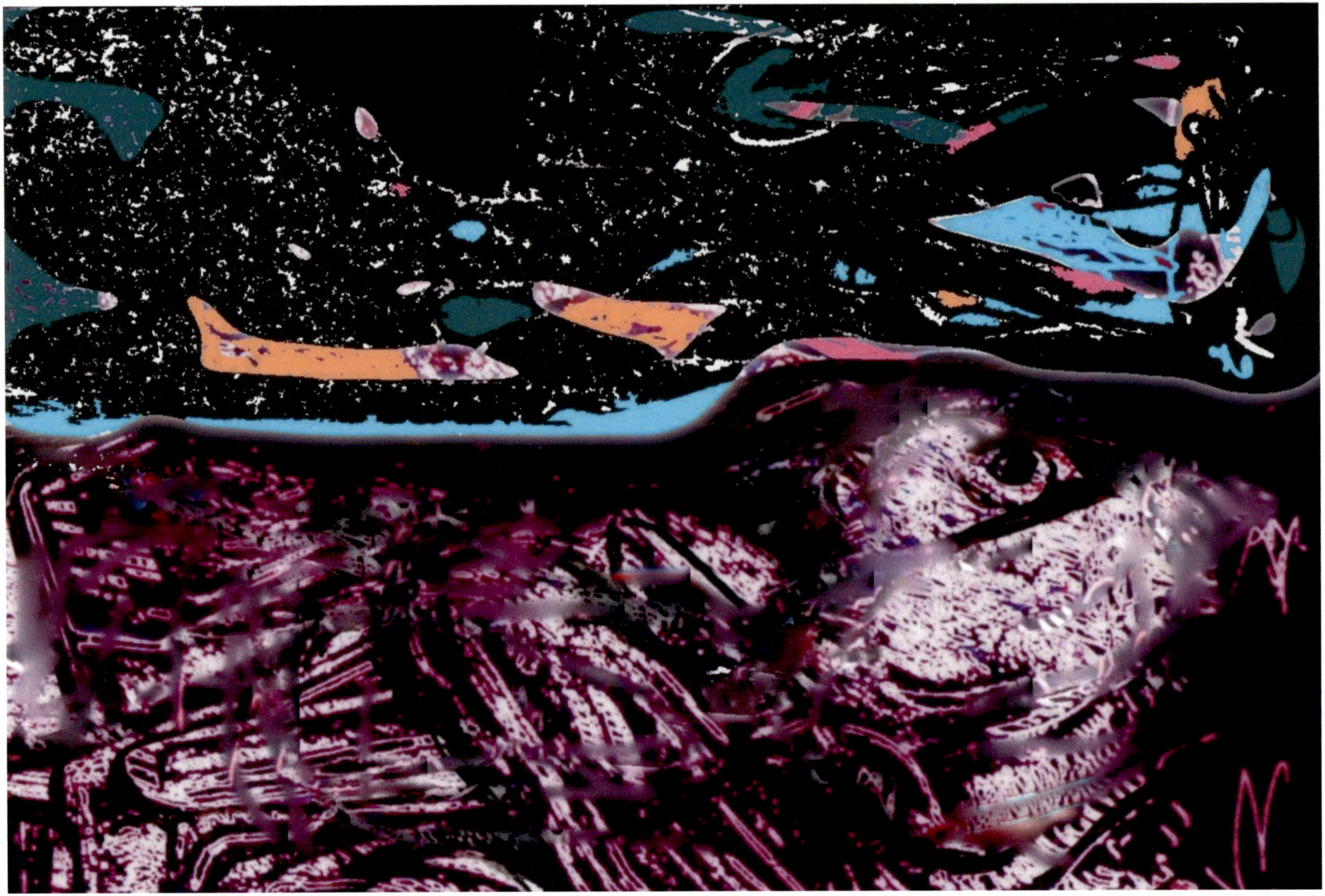

TRANSZENDENZ

Der Mensch ist dem Wesen nach als „Mensch“ geworden
Nur dann, wenn er die Welt der Transzendenz erkannt hat.
Diese Begabung konnten früher nicht alle sich aneignen,
Nur die Schamanen tauchen „verwirrt“ in die Verborgenheit,
Um die Welt des Jenseits‘ dem gemeinen Volk zu dichten.
Das Jenseits! — Die Transzendenz ist nur die Brücke,
Die Wege dahin werden verwirrend und höchst umstritten,
Vom denkenden Geist erschaffene Schattenwelt der Ätherformen,
Von bescheidenen Träumen bis hin zu der Ideenlehre empor.
Ein Schöpfer, ein kreativer Geist durchbricht die Grenze
Und transzendiert durch die Gefilde der Phantasie,
Um der Allgemeinheit seine Werke, die Jenseitsdüfte
Und die ferne, fremde Ewigkeit des Seins zu dichten.

DAS GLÜCK DES LEBENS

*Man spürt erstarrt die bedrückte Stimmung in der Welt,
Rivalitäten, um Einflußsphären wird hart gekämpft.
Dank der raschen Entwicklung der Technologien,
Die schlauen Drohnen werfen gezielt die Bomben,
Wieder der Tod und Leichen und das Leiden der Opfer —
Kollaterale Schäden! Das Menschenleben zählt nicht mehr.
Ein rucksichtloses, mörderisches Spiel wird freudig angefeuert.*

*Keine gute Zeit über das Glück des Lebens zu philosophieren.
Eine Last von Unmut verbreitet sich wie ein Echo in der Welt
Erdbeben, es gärt das Magma, nur die Eruption noch fehlt.*

DER PESSIMIST

Er wurde für die schlechte Prophezeiung angeklagt
Im Land der Glücklichen und des Wohlstands.
Er sagte im voraus nur Schliemmeres:
Vom tiefen Himmel droht bald die schreckliche Gefahr,
Und Pest und Dürre nennt er auch wahr,
Und dunkle Zeiten würden kommen,
Lämmer mit zwei Köpfe werden geboren,
Von Oben wird nur Blut und Glut herfallen,
Unter dem Todesmeer bald die ganze Welt begraben.

Von Allen wurde der Pessimist mit Freude gesteinigt,
So wird Gomorrha *nicht untergehen und wird gereinigt.*

BARUCH

Ein offener Geist, ein profunder Denker
Auf der Suche nach der wahren Wahrheit der Natur
Über die Scheide der alltäglichen Zwänge,
Beharrlich in seinen schöpferischen Gedanken,
Um Glückseligkeit und Freiheit senes Geistes zu erreichen.
Bestraft soll der freie Denker sein, und keine Gnade,
Fluch und Verbannung — für seine Seele Scheiterhaufen.
(Die stumpfe Frömmigkeit ist kein echter Glauben).

Sein Wesen schwebt in die unerreichbaren Sphären
Nach denen er und seine Seele sich, in Stille, sehnten.
Verbannt und einsam hat er gelebt, allein ist er gestorben
Vom Dunst des feinen Staubs des Linsenschleifens.

ZU KLEIST

November Tag im Grau, kalt, lausig kalt,
Gesammelt vor dem grauen Denkmal —
(Die alten Lettern bröckeln auf dem Stein)
Kranzniederlegung —
Dem Dichter Heinrich von Kleist zu Ehren.
Novembertag, warm strahlen nur die Blumen
Und die Blicke derer, verbunden im Geist,
Die treuen Verehrer des Dichters Kleist.

Zu spät für ihn kommt heute die Würdigung posthum
Damals hat er vergeblich erwartet die Ehre und den Ruhm.
Er opferte für seine dichterische Schöpfung sein Dasein,
Doch in seiner leidenden Seele lesen zu wenige hinein,
Sein Schicksal und die Werke werden immer neu gedeutet,
Nur sein Geist bleibt ständig wach im Wannsee-Grab,
Dort tauchen alljährlich die treue Bewunderer
In den Gedanken zu seiner Seele hinab,
Ihm zu Ehren den bunten Kranz niederzulegen.

HOMO LUDENS - HOMO FABER

Der Homo Ludens beschäftigt sich eben vergnügt zu spielen;
Das Spiel befriedigt, erfüllt die Zeit und wird geschätzt,
Als fördernder Schritt für die Entwicklungsfähigkeiten:
Selbst junge Tiere spielen als Übung für den Jagdinstikt.

Der Homo Faber, der Erfinder hat dem spielenden Menschen,
Dem Homo Ludens die Casinos und Glücksspiel-Apparate erfunden,
Verführerisch, mit Trick und Täuschung Gewinne zu erzielen,
Zieht er das Geld aus seiner Tasche, so dass der Spieltrieb
Ihn in den Ruin stürzt. Mit riesigen Gewinnversprechungen
von Millionen (eine Illusion), scheffelt der Betreiber das Geld
Der Süchtigen und Dummen, die Armen verlieren ihr letztes Geld
Für einen geträumten Reichtum — Reichtum schafft nur der
Schlaue Betreiber, ein Wolf im Schafpelz: Homo homini lupus.

Bekanntlich sind die Wölfe bei uns gesetzlich geschützt.

LYMPHDRAINAGE

Lange Korridore und quer noch andere lange Korridore
Wie ein Labyrinth.
Die Männer mit Warnjacken und orange Kleidung
Schieben die rollenden Betten mit fast sterbenden Leibern
Zu Untersuchung hin und her, von einer Etage zur anderen Etage,
Mit langen Korridoren und dann quer durch andere Korridore
Wie ein Labyrint.

Die Opioide, die starken Schmerztabletten,
Betäuben das Leiden und die verzweifelten Tage,
Lymphdrainage,
Phsiotherapeutische Massage,
Ergotherapie, pflegliche Schritte —
Begrüßen dann eine bescheidene Euphorie.

Glücklich, wenn man mit einem Rollstuhl bewegt wird,
Und den Weg durch die langen Korridore zum Aufzug erreicht,
Und aus dem Labyrint nach Draußen findet...

DAS LICHT

Am Fensterbrett beugen sich abends die Tulpen in der Vase
Und neigten sich zum Schlafengehen. Und morgens im Tageslicht
Richten sie sich wieder freudig auf und zeigen stolz die Farbe
Und das Glück des Lebens in strahlender Sonne.

Schon Echnaton, der Pharao, Erfinder des Monotheismus
Hat dichterisch in seinen Hymnen die Sonne angebetet.
Das Licht des Wissens half uns, aus dem elenden Staub
Uns aufzurichten, wie meine Blumen auf dem Fensterbrett,
Die Sonnen-Hymnen bergen in sich das Lebensglück des Lichts.

EIN BUNTES GLÜCK

In Straßenkämpfe war ich nicht verwickelt,
Und an der politischen Arena war ich nicht interessiert,
Weil ich mit meiner schöpferischen Seele glücklich war:
Sie zeigte mir die bunten Blumen in den Gärten,
Dass ich von ihnen die Farbenlehre lernte,
Und die grünen Blätter in den brüderlichen Bäumen,
So lauschte ich auf das Summen der Insekten,
Die gierig und freudig Ihren Blumenstaub ernten.
Im dichten Wald, betäubt von reiner Luft, war es so still
Und ich hörte das Flustern der Winde zu den Blättern.

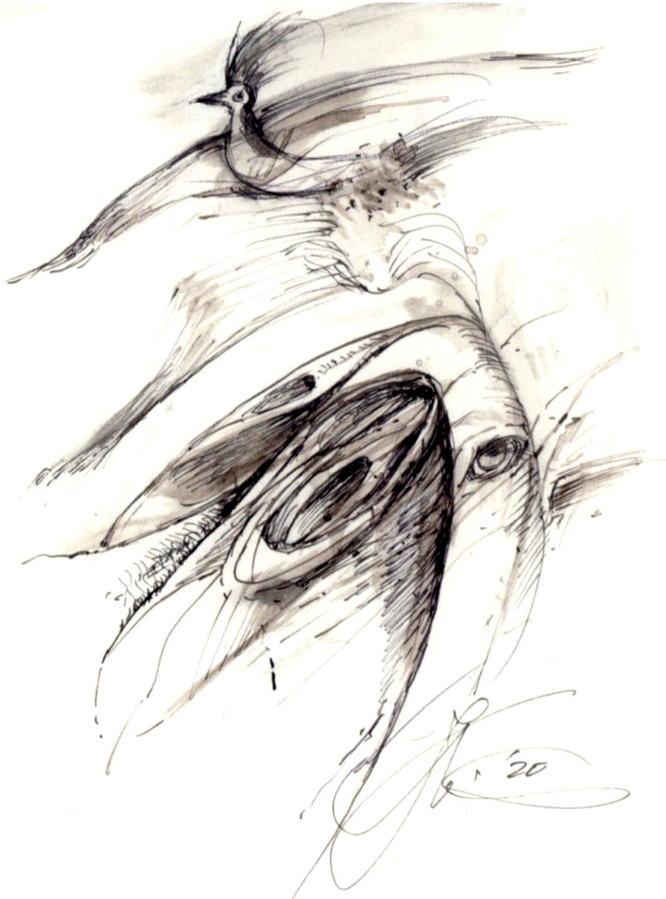

„Es gibt zu viele Künstler“ häkeln die Kulturbanausinnen und Kulturbanausen.

In „Fine- Press-Atelier Jon Mincu" erschienen:

1. *„Canaletta" von Franz vn Gaudy. Bilder und Kommentar von Jon Mincu, 2022,*
   ISBN: 978-3.00-060620-5
2. *„Undine - Bilder und Kommentar zu Undine von La Motte Fouqué", 2022,*
   ISBN: 978-3-00-073048-1

Die „Tropfen"-Reihe:

1. „Lichttropfen", 2022,	*ISBN: 978-3-00-072913-3*
2. „Schwarze Tropfen, 2022,	*ISBN: 978-3-00-073373-4*
3. „Kristalline Tropfen" 2022,	*ISBN: 978-3-00-074063-3*
4. „Trübe Tropfen", 2023,	*ISBN: 978-3-00-075258-2*
5. „Blei-Tropfen", 2023,	*ISBN: 978-3-00-077124-8 print*
	ISBN: 978-3-00-077398-3 e-book
6. „Glückstropfen" 2024,	*ISBN: 978-3-00-078547-4 print*
	ISBN: 978-3-00-078548-1 e-book